Ana Festa

APULEYO EDICIONES   FOMENTO DE VALORES   CUENTOS ILUSTRADOS

VALIENTE

El cordero con piel de lobo

APULEYO EDICIONES   FOMENTO DE VALORES   CUENTOS ILUSTRADOS

Os voy a contar un cuento de un cordero peculiar,
VALIENTE decía llamarse... ¿estoy empezando a rimar?

En fin, comienza la historia, ¡que no me entretengo más!

Espero que os guste tanto leerla como a mí me gusta volar.

Estaba yo volando tranquilamente cuando algo llamó mi atención;
a lo lejos vi un animal, bastante solo, por cierto.

Estaba llorando como nunca había visto llorar
a un animal de su especie...

"¿Qué le pasará?", me pregunté y corriendo el riesgo
de ser devorado, decidí bajar a darle consuelo.

—¿Qué te pasa, amigo mío?

—Pues verás —me dijo—, estoy muy triste porque mis hermanas
las cabras y ovejas no me quieren cerca... He intentado estar
con ellas un montón de veces..., yo sé que no soy
el cordero más guapo del mundo, pero...

—Tengo este pelaje horrible..., este hocico y estas zarpas. Bueno, ya me ves... Pero yo necesito estar con ellos, no quiero estar solo.

Me crie en el bosque, no conocí a mis padres. Cuando fui más mayor, quise ir a buscar un rebaño... Ni te imaginas sus caras cuando entré en el establo...

—Pero vamos a ver —dije tartamudeando—, tú sabes que no eres un cordero, ¿verdad? Tienes orejas de lobo, pezuñas de lobo, pelo de lobo, ¡¡dientes de lobo!! Has pensado en la posibilidad de ser... ¿Cómo decírtelo? ¿UN LOBO?

Valiente comenzó a llorar de nuevo...

—¡Tú me ves como todo el mundo! —gritó—. Yo sé bien lo que parezco, pero te digo que soy un cordero... Desde que nací siempre supe que lo era y lo que no entiendo es por qué tengo este aspecto.

Solo pido poder estar con los de mi especie, con las ovejas, las cabras y el resto de los animales que son como yo. Pero no puedo porque ellos solo ven mi piel, mis dientes, mis garras... Como tú.

Si pudiera acercarme lo suficiente para explicarles...

—¡Eso es! Déjame a mí... que se me está ocurriendo una idea —le dije—.

Cuando esquilan a las ovejas, a veces dejan la lana tirada por ahí,
cogeremos un poco y te haremos un abrigo de piel de oveja...
Así ellas no se asustarán y tú podrás pastar con el rebaño...

Así fue como Valiente fue a pastar con el resto del rebaño, como le dije, nadie le reconoció, pero Valiente no quería disfrazarse, quería ser como el resto. Así que al día siguiente volvió al prado, pero esta vez se quitó el abrigo de lana delante de todas y les contó la verdad a sus amigas.

Después del susto inicial, muchas empezaron a hablar con Valiente... Hubo alguna cara de enfado... Alguna cabra a la que aquello no le gustaba... Y otras que no entendían nada...

Pero hubo otras que empezaron
a escucharlo y, poco a poco, a entenderlo...

Valiente se separó de quienes no lo comprendían y comenzó
a pastar junto a los animales que lo querían y le trataban bien.

¡Estaba tan contento! Se sentía como un cordero más del rebaño.

Así que empezó a revolcarse por el prado, a rodar y rodar y rodar... Sentía la lana de sus amigas pegarse a su cuerpo y cuanta más hierba comía, más pequeños se hacían sus dientes y más corto su hocico.

Pasó el tiempo y un día regresé
para ver cómo le iba la vida a mi amigo...

—¡Hola, cuánto tiempo! ¿Cómo te va? —me preguntó—.
No te creerás todo lo que me ha pasado.

—¿Valiente? ¿Eres tú? ¿Pero qué ven mis ojos?
¡Te has transformado en un cordero de verdad!

—Yo siempre fui un cordero —me dijo—.
Solo que ahora también lo parezco por fuera.

MORALEJA: Algunas veces sucede, nacemos con otra piel, pero hay que ser como Valiente y dejarnos conocer, alejarnos de quien nos dañe, acercarnos a quien nos **VE** luchar por lo que queremos y siempre sentirnos bien.

© Ana Belén Festa Díaz (de la obra)
©Apuleyo Ediciones (de esta edición)
Primera edición en Apuleyo Ediciones: julio 2024
Diseño de cubierta: Sofía Corzo González
Corrección: Aitor Andreu Guerrero
Maquetación: Domingo Carrasco Martín
Ilustraciones: Cleiton Gomes
Coordinación editorial: Isidoro Cidre González
info@apuleyoediciones.com
www.apuleyoediciones.com
ISBN: 978-84-1060-198-7
Depósito legal: H 167-2024

Hecho e impreso en España.

VALIENTE

El cordero con piel de lobo

APULEYO EDICIONES   FOMENTO DE VALORES   CUENTOS ILUSTRADOS

Ana Festa

APULEYO EDICIONES   FOMENTO DE VALORES   CUENTOS ILUSTRADOS